▲ *Schloss Wörlitz* [1] *von der Wasserseite*

Fürst Franz hatte vielfältige Anregungen für die Veränderungen seines Landes in England sowie auf mehreren Reisen durch Italien, Deutschland, Holland, Frankreich und die Schweiz gefunden. Gemeinsam mit seinem Freund und Berater Friedrich Wilhelm von Erdmannsdorff (1736–1800) und weiteren Mitstreitern studierte er die antike Baukunst unter der persönlichen Anleitung Winckelmanns. Für die gärtnerische Umsetzung in Wörlitz und der umgebenden Landschaft waren vor allem die Gärtner Schoch (Johann Leopold Ludwig Schoch d. Ä., 1728–1793, und sein Sohn Johann George, 1758–1827), aber auch Johann Christian Neumark, Johann Friedrich Eyserbeck und August Leopold Wöpke zuständig.

Die Gestaltung der Wörlitzer Anlagen begann 1764 in der Umgebung eines barocken Schloss- und Gartenensembles, wo am Ufer des

Die Ziffern 1 bis 58 verweisen auf den Übersichtsplan auf Seite 30/31

Wörlitzer Sees ein erster kleiner Landschaftsgarten mit dem Englischen Sitz und dem Schwanenteich entstand. Bald wurden die anderen Bereiche des Schlossgartens und die umgebende Landschaft in die Umgestaltungen einbezogen. Das alte Schloss wurde abgetragen, und angrenzende Bereiche der Stadt wurden völlig verändert. Die Arbeiten waren auch auf den Gartenflächen nördlich des Sees schon weit fortgeschritten, als durch zwei Hochwasser in den Jahren 1770 und 1771 die bereits entstandenen Anlagen in den flacheren nördlichen Bereichen wieder vernichtet wurden. Das bot die Chance, mit den gewonnenen Erfahrungen und neuen Kenntnissen erneut zu beginnen. So unterscheiden sich die späteren Gartenbereiche von den frühen im Charakter. Während der Schlossgarten und Neumarks Garten noch regelmäßig, kleinteilig und mit zum Teil unmotivierten Schwingungen angelegt sind, stellt sich Schochs Garten als eine Folge räumlich gestalteter, differenzierter Gartenbilder dar, die sich an einem Führungsweg erschließen.

In den 90er-Jahren des 18. Jahrhunderts wurde der Garten um die Neuen Anlagen im Osten durch den Gärtner Johann George Schoch erweitert. Am Großen Wallloch und um die Insel Stein entstanden große, von Galeriepflanzungen umgebene Gewässer- und Ackerflächen, die mit Architekturen im »Stil der Reiseeindrücke« gestalterische Höhepunkte erhielten.

Wörlitzer Gärten, Bauwerke und Kleinarchitekturen

Den vierarmigen Wörlitzer See, ein Altwasser der Elbe, umschließt die in fünf Einzelgärten gegliederte Parkanlage. Zwei weitere Seen, das Große und das Kleine Wallloch, entstanden bei Durchbrüchen des Schutzdeiches der Elbe als Erosionsgewässer. Die Seen sind durch Kanäle verbunden, die das Gelände in einzelne Areale teilen. In jedem Gartenbereich sind Architekturen, Brücken und Skulpturen immer wieder malerische Blickpunkte und stehen, durch Sichtachsen verbunden, untereinander in Beziehung. An diesen Orten der Besinnung wird der Besucher sowohl zum Kunstgenuss als auch zum Nachdenken angeregt.

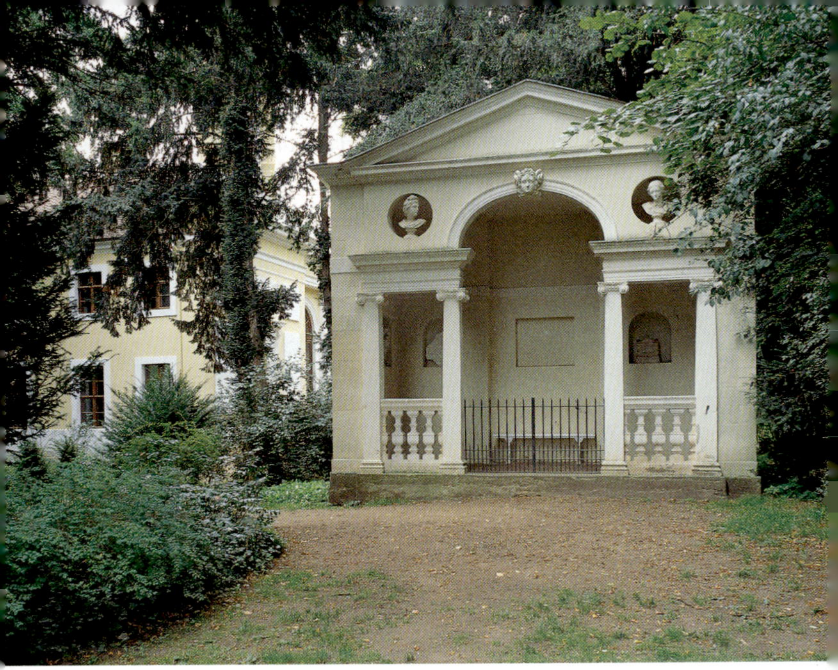

▲ *Der Englische Sitz* [2]

Der Schlossgarten

Mit dem Schlossgarten, südlich des Wörlitzer Sees, begann 1764 die Gestaltung der Wörlitzer Anlagen. Selbstständige kleine Gartenteile, wie der Garten am Schwanenteich, der Garten der Fürstin und der Kirchhof gruppieren sich um die Schlosswiese mit dem englischen Landhaus (Schloss) und seinem Wirtschaftsgebäude. Lindenbosketts, die man nach 1765 entsprechend der neuen Gestaltungsprinzipien ungeschnitten frei wachsen ließ, leiten in die freie Landschaft über.

Der **Garten am Schwanenteich**, über dessen Mündung in den See die 2001 wieder rekonstruierte Zugbrücke führt, entstand ab 1764 in der noch suchenden Gestaltungsweise der Anfangsphase. Sein gestalterischer Höhepunkt ist der **Englische Sitz** [2]. 1764/65 durch Erdmannsdorff geschaffen, ist er das früheste klassizistische Bauwerk in

Wörlitz. Der verputzte Backsteinbau wurde als Gartensitz mit der Blickachse zum Nymphaeum (1767/68) nach einem heute nicht mehr vorhandenem Vorbild in Stourhead (Südengland) errichtet und ist mit Kopien von antiken Marmorplastiken ausgestattet. Die Architektur reflektiert mit der Verbindung von Bogen, Säule und Gebälk ein typisches Palladiomotiv und damit die Auseinandersetzung mit antiker Baukunst.

Das 1769 bis 1773 durch Erdmannsdorff erbaute **Schloss** [**1**] gilt als der Gründungsbau des deutschen Klassizismus. Dem »Landhaus«, wie man das Schloss auch nannte, eine dreigeschossige palladianische Architektur, ist an der Eingangsseite eine Säulenhalle mit Dreieckgiebelbekrönung vorgelagert. Die zu Seiten des Eingangs in Nischen stehenden Skulpturen – Ceres, die Göttin des Ackerbaus, und Fortuna, die Göttin des Glücks und des Gelingens – laden zu einem Besuch des Schlossmuseums ein (originale Innenausstattung; weitere Informationen DKV-Kunstführer Schloss Wörlitz, Nr. 553).

Das benachbarte, mit dem Schloss durch einen unterirdischen Gang verbundene **Küchengebäude** [**3**] mit dem Sommersaal ist ein Mehrzweckbau mit u-förmigem Grundriss, der ursprünglich Wirtschaftsräume beherbergte. Die dem Schloss zugewandte klassizistische Fassade des Sommersaales, der im Sommer als Gartenspeisesaal und im Winter als Gewächshaus genutzt wurde, ist mit einer Apoll- und einer Satyrstatue von Gottfried Knöffler (1715–1779) geschmückt. Rückseitig, zum Kirchhof hin, zeigt das Gebäude eine zaghaft neugotische Gestaltung. Das 1770/72 durch Erdmannsdorff errichtete Küchengebäude beherbergt heute eine Gaststätte, den Gartenreich-Laden und das Besucherzentrum (weitere Informationen DKV-Kunstführer Küchengebäude, Nr. 567). Vor der klassizistischen Sommersaalfassade steht ein Brunnen, der 1774 als **antike Ara** aus Sandstein nach dem Vorbild des Luna-Altars aus Winckelmanns »Monumenti antici inedici« gestaltet wurde. Im neugotischen Ensemble des **Kirchhofs** befindet sich der 1787 im entsprechenden Stil gebaute, 4,50 Meter hohe **Sandsteinbrunnen**. Gegenüber dem Wirtschaftseingang am Küchengebäude wurde um 1785 die **Sandsteinvase** (Urne) mit einer Pinienbekrönung aufgestellt.

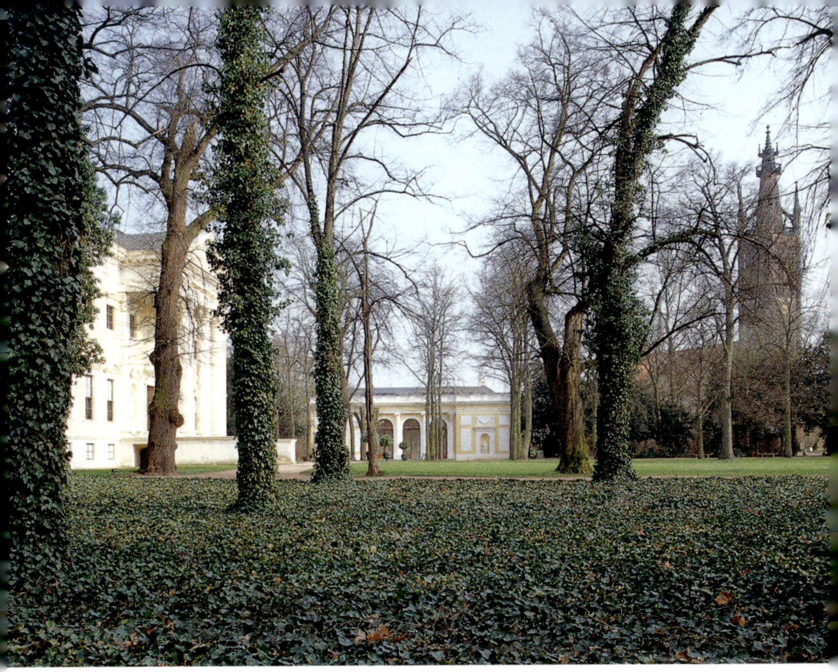

▲ *Schloss* [**1**], *Küchengebäude* [**3**] *und Kirche* [**8**] *aus der Lindenachse gesehen*

Am Zugang des **Gartens der Fürstin** [**4**] erinnert die **Dietrichsurne** [**5**] an den Onkel und Vormund des Fürsten, Dietrich von Anhalt-Dessau (1702–1769), dessen Wohnhaus einst an dieser Stelle stand und wie ein Teil des Ortes bei den Gartenerweiterungen abgetragen wurde. Das im Postament mit vier Flachreliefs verzierte Denkmal schuf 1775 der Bildhauer Johann Christian Ehrlich nach einer Zeichnung Erdmannsdorffs. Der sich anschließende Garten der Fürstin wurde um 1771 als Blumengarten am westlichen Seeufer des Schlossgartens angelegt. Hier standen ursprünglich auch das Gondolierehaus, die Fasanerie und ein Gewächshaus. Nach dem Abriss des Gondolierehauses wurde um 1830 eine Teelaube errichtet und der inzwischen verfallene Gesamtbereich um 1934 unter Gartendirektor Hallervorden (1872–1968) verändert und vereinfacht. Die **Ara** aus Sandstein in der

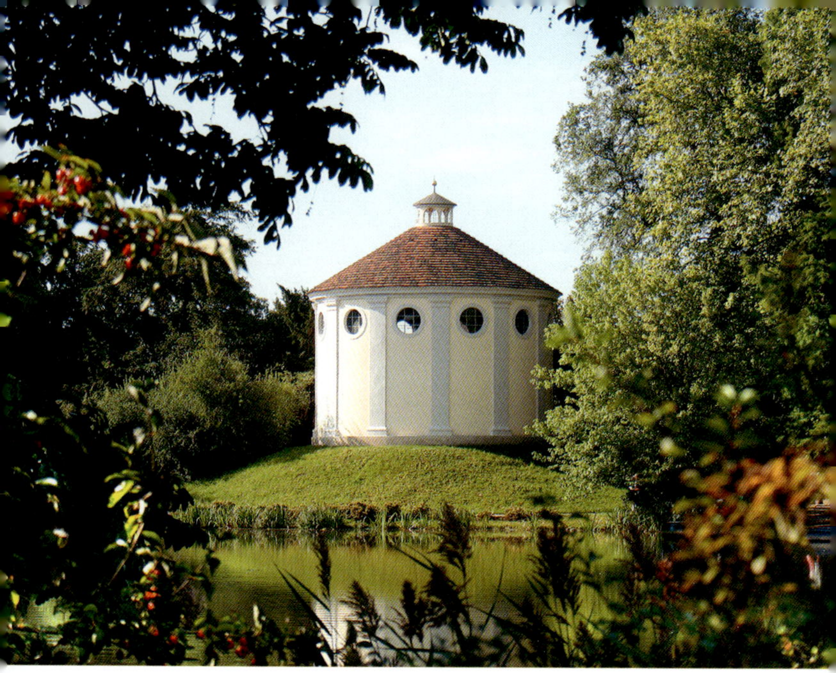

▲ *Synagoge* [**12**]

Form eines antiken Altars aus der Zeit um 1770, diente als Brunnen für diese Gartenflächen. Die von Sandsteinvasen und lombardischen Pappeln (Pyramidenpappeln) umgebene **Skulptur der Muschelnymphe** [**6**] am See unterhalb des Sommerspeisesaales ist eine 1771 gefertigte Kopie einer antiken Knöchelspielerin aus der Villa Borghese. Weiter nördlich am Ufer neben der einstigen Bootslandestelle sowie am Weg zum Schloss steht jeweils eine weibliche **Sandsteinherme** aus der Zeit der Anfangsgestaltungen des Schlossgartens um 1765.

Der **Kirchhof**, östlich des Küchengebäudes zwischen Marstall, Haus der Fürstin und Probstei gelegen, ist ein selbstständiger Gartenraum, der zu der 1200 geweihten romanischen Kirche gehörte. Während der Umgestaltung dieses Platzes wurden die aufgefundenen Gebeine unter einem **Sarkophag** [**7**] bestattet. Die Sandsteinkopie des römischen

Nero-Sarkophages wurde 1785/87 nach Anweisung Erdmannsdorffs hier aufgestellt und mit Inschriften von Klopstocktexten und Geniendarstellungen geschmückt. Die **Kirche St. Petri** [8] mit dem 66 Meter hohen Turm ließ Fürst Franz durch seinen Baudirektor Georg Christoph Hesekiel 1804 bis 1809 im neugotischen Stil nach englischen und flämischen Anregungen umbauen (siehe DKV-Kunstführer Kirchen im Gartenreich, Nr. 557). Die östliche Grenze des Kirchhofs bildet das **Haus der Fürstin** (Graues Haus) [9], das private Wohnhaus der Fürstin Luise Henriette von Anhalt-Dessau (1750–1811). Es wurde 1789/90 nach einer Anregung von Sheffield Place (Südengland) an Stelle der einstigen Probstei im neugotischen Stil errichtet und um 1850 erweitert. Der südliche Anbau der Galerie (1804/05) war »mit der Fürstin Sammlung literarischer und artistischer Schätze« ausgestattet. Hinter dem Grauen Haus befand sich ein kleiner Privatgarten der Fürstin. Die **Probstei** [10] südlich der Galerie, ein neugotischer zweigeschossiger Backsteinbau mit Stufengiebel, vermutlich nach Entwürfen Erdmannsdorffs 1796 errichtet, ist heute das evangelische Pfarrhaus der Stadt Wörlitz. Das Gebäude bildet gemeinsam mit dem **Marstall** [11] und dem neugotischen Pferdestall den städtischen Zugangsbereich zur Kirche.

Die **Synagoge** [12] am östlichen Rand des Schlossgartens ist durch Erdmannsdorff nach dem Vorbild des Portunustempels am Tiber bei Rom als Zentralbau gestaltet worden. Unter dem Betraum befindet sich das von der Straße aus zugängliche Ritualbad. Mit ihrer streng funktionalen Raumordnung entspricht die Synagogenarchitektur, Erdmannsdorffs einziger Sakralbau, den Anforderungen des jüdischen Kults und ist in ihrer Art einzigartig in Europa. Die originale Innenausstattung wurde als Folge der »Reichskristallnacht« im November 1938 vernichtet. Das Bauwerk selbst konnte durch das entschiedene Eingreifen des damaligen Gartendirektors Hans Hallervorden erhalten werden.

Der **Gasthof »Eichenkranz«** [13] am westlichen Rand des Schlossgartens, wurde 1785/87 durch Erdmannsdorff für die Wörlitz-Besucher erbaut. Das die Straße überspannende Haus zeigt zur Stadtseite eine Fachwerkfassade und zur Gartenseite eine gotisierende, torähnliche Architektur. Die 1788 durch Erdmannsdorff aufgeführte **Friederikenbrücke** [14] (1914 verbreitert), nach Prinzessin Friederike von Preußen benannt, führt vom Schlossgarten über einen der drei Wörlitzer Seeabflüsse in die Landschaft hinaus.

Neumarks Garten

Der nach dem Gärtner Johann Christian Neumark (1741–1811) benannte Garten diente ursprünglich als fürstlicher Wirtschaftsgarten. Höher gelegen, wurde er wie auch der Schlossgarten bei den Hochwasserkatastrophen 1770 und 1771 nicht zerstört. Daher ist hier noch immer die einfache Formensprache der frühesten Entstehungszeit zu erkennen. Das Gartengelände ist westlich und östlich von zwei Ausläufern des Wörlitzer Sees umgeben und nach Süden durch einen um 1780 geschaffenen Kanal zwischen den beiden Seeausläufern vom Wörlitzer Anger abgetrennt.

Man erreicht den Garten mit Fähren oder über den Zugang am **Eisenhart** [**15**]. Der den Kanal überspannende Brückenbogen mit einer rustikalen Verkleidung aus eisenhaltigem Rasenstein trägt zwei durch Erdmannsdorff 1781 bis 1784 errichtete Pavillons. Im **Südseepavillon**, einem Backsteinbau mit Pilastergliederung und Rundbogennischen, ist die Sammlung der Südsee-Ethnographika ausgestellt, die Fürst Franz 1775 von dem Humanisten und Weltreisenden Georg Forster (1754–1794) erwarb. Der **Bibliothekspavillon**, an zwei Fassaden mit Verblendungen aus Raseneisenstein versehen, beherbergte bis 1818 eine Gartenbibliothek, die Fürst Franz seinen Besuchern und Gästen öffnete. Im Vorraum des hier eingerichteten Wedgwoodshops stehen in Nischen Abgüsse eines Bacchus, einer Bacchantin und eines Fauns. Die mit einer Pergola für Spalierobstpflanzungen bekrönte **Blendbogenmauer** am Kanal verbarg ursprünglich Wirtschafts- und Wohnräume des Gartenpersonals. In der Abschlussnische der Pergola befindet sich eine Gipsnachbildung der antiken Statue des Betenden Knaben. Daran schließt sich das **Labyrinth** [**16**] an, das 1783/84 nicht als »Irrgarten« zur Kurzweil und für höfische Spiele angelegt wurde; hier sollte es als Allegorie auf das Leben verstanden werden (nach August Rode, 1798, Allegorie auf das Leben des Fürsten Franz). Die gewundenen Wege in diesem Gartenabschnitt stellen sich wie Lebenswege dar, von Gefährten, Lehrern und Mitmenschen geprägt

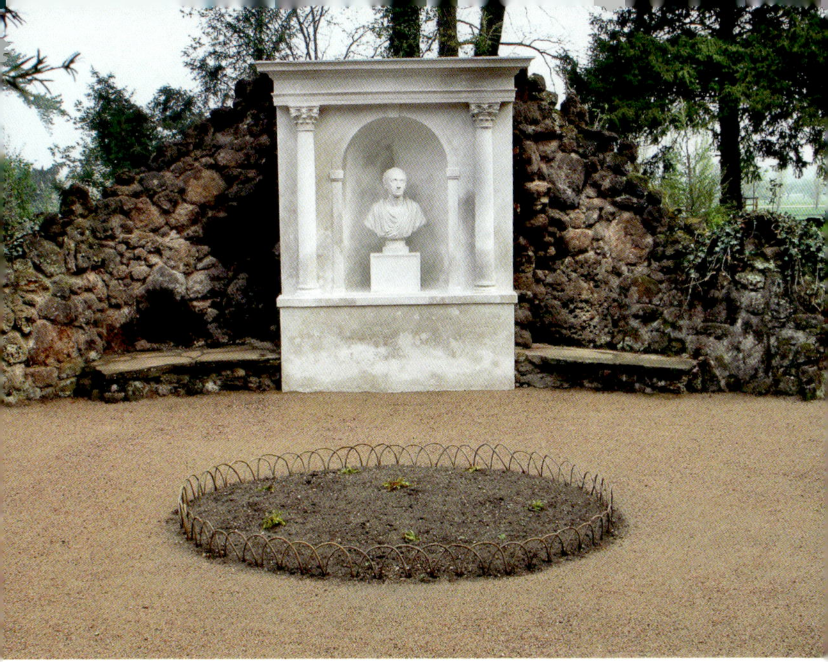

▲ *Büste von Johann Kaspar Lavatar im Labyrinth* [**16**]

und zuweilen in die Irre führend. Skulpturen und Inschriftentafeln leiten die Gedanken. Auf einer Lichtung sind die Büsten von Lavater und Gellert aufgestellt. Venus Lamia mit der Gans in der Grotte ist ein Sinnbild der Verführung, eines Irrweges am Abgrund, doch findet man bald das heitere Elysium, der Ort der Seeligen in der antiken Mythologie. Von hier aus war durch den Schwibbogen der Eisenhartmauer das fürstliche Grabmal (1828 abgetragen) auf dem Drehberg zu sehen. Das **Baumstück** ist ein Obstgarten, der 1992 mit den historischen Sorten in der ursprünglichen Pflanzweise restauriert wurde. An seinem Wegrand befindet sich eine **Sandsteinbank** in der Form eines antiken Sarkophags, geschmückt mit Reliefdarstellungen der Obsternte.

In das allegorische Programm des Labyrinths gehört auch die **Rousseauinsel** [**17**] vor Neumarks Garten. Das 1782 nach Entwürfen

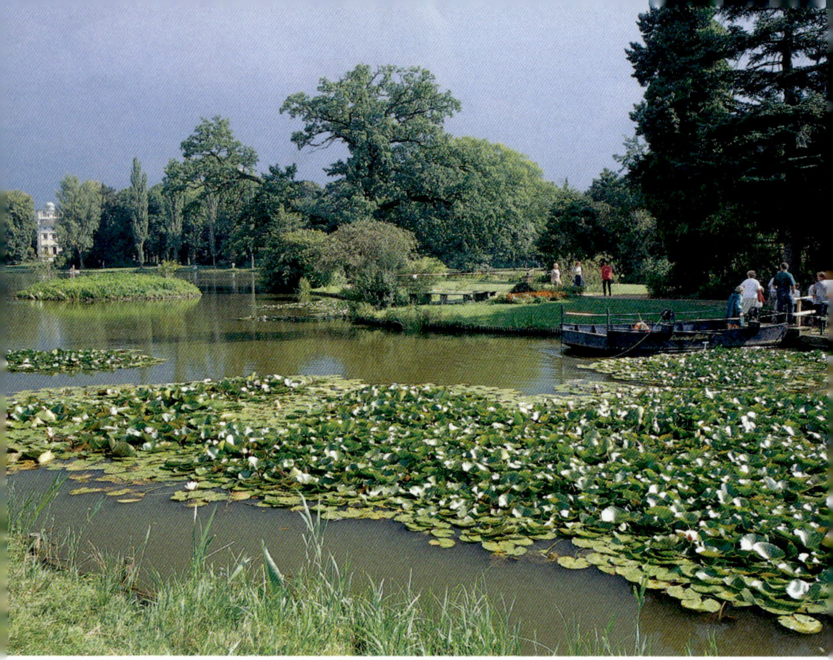

▲ *An der Roseninsel* [**18**]

Erdmannsdorffs auf der von Pappeln umsäumten Insel errichtete Monument, dessen Sockelinschrift der Fürst selbst verfasste, ist die früheste Nachgestaltung des Grabes von Jean-Jacques Rousseau (1712–1778) in Ermenonville bei Paris. Die von Dessau anreisenden Besucher wurden hier symbolisch im »Garten der Aufklärung« begrüßt.

Die nördlich von Neumarks Garten gelegene **Roseninsel** [**18**] existiert mit der vorgelagerten Schwaneninsel in ihrer heutigen Form nach Bodenauffüllungen und mehrfachen Umgestaltungen erst seit 1908. Ihre ursprüngliche Anlage als **Insel der Fürstin** mit einer Fischerhütte wurde bei der Hochwasserkatastrophe 1770/71 in vier Inseln zerteilt. Heute bestimmen die von Fürst Franz gepflanzte Eiche, eine Pergola und historische Wildrosenarten das Bild.

Schochs Garten

Schochs Garten war der im Wesentlichen zwischen 1767 und 1790 gewachsene Arbeits- und Wohnort der wichtigsten Gärtner der Wörlitzer Anlagen. Benannt ist er nach dem ersten Gärtner Johann Leopold Ludwig Schoch (1728–1793). Nördlich des Wörlitzer Sees gelegen, wird Schochs Garten vom Elbdeich, im Osten durch den Weidenheger und im Westen von der Coswiger Chaussee begrenzt. Schochs Garten gliedert sich wiederum in verschiedene Gartenbereiche. Ab 1767 wurde die Schoch'sche Insel östlich des Wolfskanals gestaltet mit dem Baumgarten um das Gotische Haus, dem Dianenhain und den Gartenflächen am Nymphaeum. In den 1780er-Jahren entstanden westlich des Wolfskanals der Küchengarten und der Floragarten, die Romantische Partie und die nördlich gelegenen Anlagen auf dem Elbdeich.

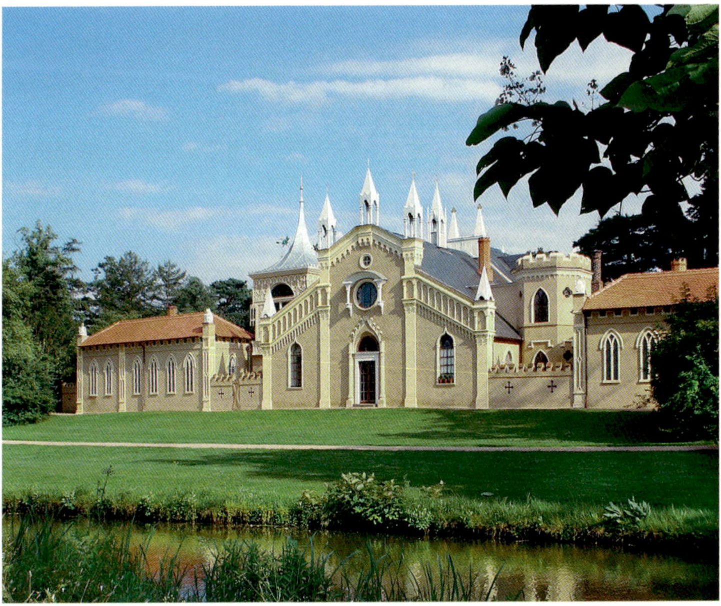

▲ *Gotisches Haus* [**20**]

Von hier öffnet sich ein wunderschöner Blick in die weiten Elbauen. Wenn die Elbe Hochwasser führt und bis zu den Wörlitzer Deichanlagen heranreicht, ist die Gewalt des Wassers vom Elbdeich aus besonders eindrucksvoll zu erleben. Schochs Garten erschließt sich entlang eines Führungsweges als eine Folge räumlich gestalteter Bilder, die sich mit jeder Wegebiegung ändern und neue Eindrücke hervorrufen.

Zu Schochs Insel führt die 1811 über den Wolfskanal gebaute **Wolfsbrücke** [**19**]. Die mit einem Eisengeländer und Eisenkunstgussvasen verzierte Sandsteinbrücke wurde nach dem Bauern Wolf benannt, der hier einst seinen Acker hatte. Sie ist ein markanter Punkt in den Sichtbeziehungen des Gartens.

Durch den anschließenden Baumgarten gelangt man zum **Gotischen Haus** [**20**]. Diese früheste neugotische Schlossarchitektur in Deutschland entstand nach 1773 nach Entwürfen und Vorgaben des Fürsten Franz, Erdmannsdorffs und Hesekiels. Das Gotische Haus wurde zunächst als Arbeits- und Wohnhaus für die Gärtner erbaut. Der Fürst nutzte es aber auch für private Aufenthalte und hatte hier verschiedene Sammlungen untergebracht. Er lebte hier längere Zeit mit der Gärtnerstochter Luise Schoch (später als Frau von Beringer geadelt). Das nach der englischen Anregung Strawberry Hill (von Horace Walpole bei London) entstandene Haus wurde bis 1813 in mehreren Etappen immer wieder erweitert. Die Architektur folgte in jeder Bauphase anderen Vorbildern: der Kirche Madonna dell' Orto in Venedig an der Kanalfront, englischer Tudorgotik an der Gartenseite, dem Breslauer Rathaus für den »Neuen Turm«. Der im südlichen Außenhof 1799 errichtete neugotische Sandsteinbrunnen diente der Wasserversorgung des Gotischen Hauses und der Erfrischung der Gartenbesucher. Das Gotische Haus war von Wirtschafts- und Obstgärten umgeben. Das von einem Umgangsweg (Belt) umschlossene, inselartig erhöhte Gartenstück des Baumgartens nutzte der Fürst für seine Versuche und Studien der Pomologie und als Anbaufläche von Maulbeerbäumen für die Seidenraupenzucht. Auf den nahe gelegenen Ackerflächen wurde in der Entstehungszeit moderne englische Landwirtschaft musterhaft vorgeführt (weitere Informationen DKV-Kunstführer Gotisches Haus, Nr. 554).

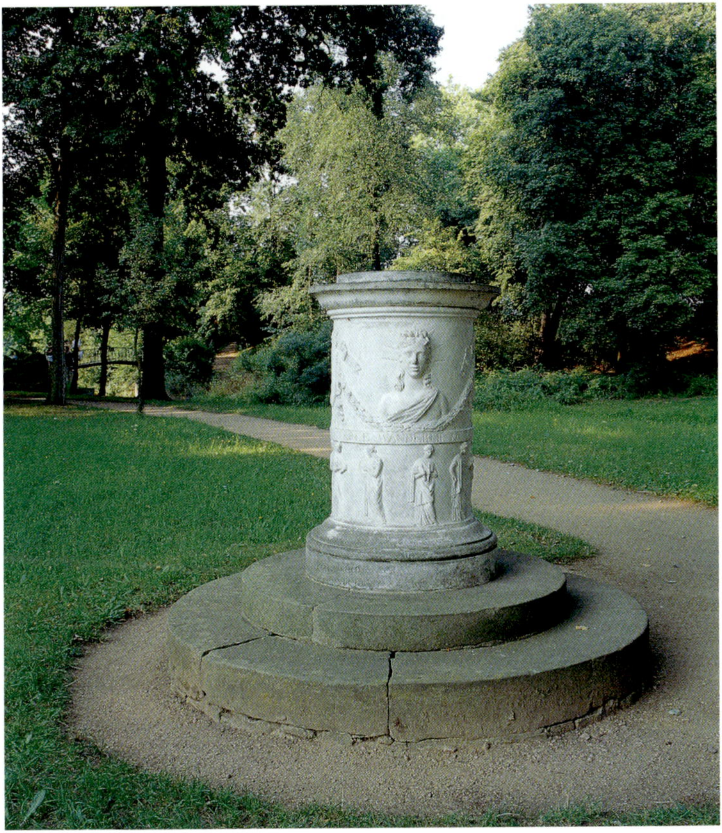

▲ *Warnungsaltar* [27]

In Sichtweite des Gotischen Hauses, nach der Großen Wiese liegt unter einem Rasenhügel am Rande des Baumgartens **Schochs Gruft** [21]. Diese Grabstätte des Hofgärtners Johann Leopold Ludwig Schoch d. Ä. und seiner Gattin würdigte der Fürst mit einer Inschrift.

Neben der Wolfsbrücke führen vier weitere Brücken auf die durch die Kanalbauten entstandene Insel. Die **Hornzackenbrücke** [22], die als frühe Brückenform wie eine gespaltene Eiche wirken sollte, entstand 1774 als Verbindung zwischen dem Gotischen Haus und dem Wirtschaftsgarten jenseits des Kanals. Die **Weiße Brücke** [**23**] (auch Chinesische oder Stufenbrücke genannt) war 1772 nach dem Vorbild von William Chambers Palladiokonstruktion (sich selbst aussteifende Holzbogenkonstruktion) in Kew Gardens (London) am kleinen Wallloch errichtet worden. Eine hölzerne Drehbrücke führte an der Stelle der heutigen, 1958 gebauten **Agnesbrücke** [**24**] nach Norden zum Wall. Die **Neue Brücke** [**25**] aus Sandstein bildet den Übergang zum Weidenheger. Sie wurde 1810 an Stelle der hölzernen Brücke von 1772 errichtet und ist mit Bänken und mit Reliefdarstellungen der von Tritonen umgebenen Götter Venus und Amor geschmückt.

Das **Kleine Wallloch** (Wallloch = Loch im Wall) ist ein durch Deichbruch entstandenes Erosionsgewässer. Um 1770 wurde es durch den Wolfskanal, den Agneskanal und den Kettenbrückenkanal in den Gewässerkreislauf einbezogen. Sein Ostufer ist mit dem **Dianenhain** [**26**] der Jagdgöttin geweiht. In der Nachbarschaft eines Gartensitzes findet man eine zwei Meter hohe **Statue der Diana**, die um 1780 vom Hofbildhauer Ehrlich geschaffen wurde.

Der 1,40 Meter hohe **Warnungsaltar** [**27**] aus Sandstein steht östlich der Agnesbrücke. Im Frühjahr 1800 entstand er als sehr frühes Monument des Denkmal- und Naturschutzes. Darstellungen von Diana, Apoll, den neun Musen und die Inschrift »Wanderer, achte Natur und Kunst und schone ihrer Werke« schmücken den klassizistischen Altar.

In den südöstlichen Anlagen auf Schochs Insel befindet sich das **Nymphaeum** [**28**], ein 1767/68 durch Erdmannsdorff gestalteter Gartensitz, der den Wassernymphen gewidmet ist. Es wurde in einen ehemaligen Eiskeller eingebaut, in dessen Einstiegsschacht um 1780 ein hölzerner Bergmann aufgestellt wurde. Im Gewölbe hinter ionischen Säulen findet man die Plastik eines sich salbenden Ringers (Gipsabguss). Auf Inschrifttafeln werden Goethes begeisterte Worte zu seinem ersten Wörlitz-Besuch im Jahr 1778 wiedergegeben. Auf der Ostseite des Hügels am Nymphaeum wurde 1827 ein Weinberg angelegt.

Zu Schochs Garten gehören ebenfalls die westlich des Wolfskanals gelegenen Partien. Betritt man diese über die Hornzackenbrücke, er-

Floratempel [**32**] ▶

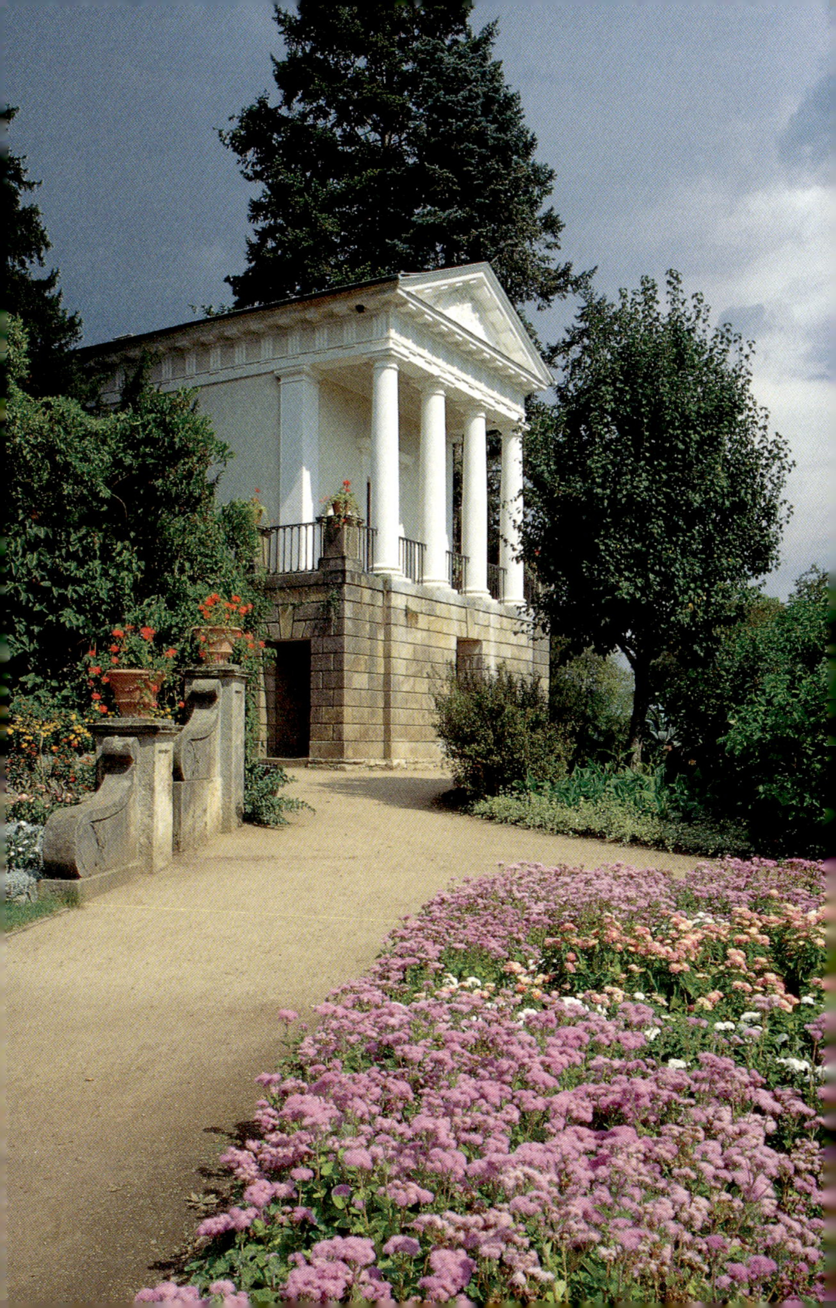

innert das Gebäude des **Kuhstalls** [**29**] an die landwirtschaftliche Musterwirtschaft, die hier betrieben wurde. Das um 1810 aufgeführte neugotische Gebäude wurde bis 1918 als Stall für englische weiße Rinder und Schafe genutzt und anschließend als Gärtnerwohnhaus umfunktioniert. Der benachbarte Rhododendronhain entstand nach 1900 an der Stelle des Blumengartens und der zum Stall gehörigen englischen »Kleediemen« (Scheunen). In der mit Wein und Spalierobst bepflanzten Treibmauer des Küchengartens ist als Sichtöffnung nach 1790 das mit Terrakottavasen geschmückte klassizistische **Weiße Tor** [**30**] entstanden, von dem aus die Ackerfläche am »Neuen Weg« in malerischer Landschaftskulisse zu erleben ist. Der der Göttin der Blumen und der Jugend gewidmete **Floragarten** [**31**] war bereits in der Entstehungszeit mit Blumen geschmückt, was im frühen Landschaftsgarten nicht üblich war. Der **Palmengarten** (1895) und die heutige südliche Gartenfläche (1923) wurden allerdings erst später hinzugefügt. Auch der Hermes, eine aus Herkulaneum stammende Bronzenachbildung, gelangte erst 1914 in den Garten. Der 1797/98 durch Erdmannsdorff nach dem Vorbild von William Chambers Casinobau in Wilton (Südengland) gebaute **Floratempel** [**32**] wurde als Musikpavillon genutzt und ist mit einer antiken Skulptur und floraler Ausmalung durch Hofmaler Johann Fischer dekoriert. Vom Obergeschoss, das heute für Sonderausstellungen genutzt wird, blickt man über den mit Beeten in Phallusform (dem Gartengott Priapos geweiht) geschmückten Blumengarten zum Gotischen Haus. Das **Blumentheater**, mit Terrakottavasen und Sandsteintrögen ausgestattet, war als Topfstellage für den Blumenschmuck in Form eines antiken Theaters gedacht. Westlich des Floragartens befand sich ein ummauerter Baumgarten, welcher heute der Kulturstiftung als Wirtschaftsgelände dient. Das neugotische **Palmenhaus** (Treibhaus) [**33**] ersetzte nach 1798/99 die Wintergärten im Küchengebäude und im Gotischen Haus. Vom gleichzeitig erbauten **Garteninspektorhaus** (Gärtnerwohnhaus) [**34**] entwickelte sich im19. Jahrhundert ein umfangreicher Pflanzen- und Samenhandel. Als Anregung dieses Bauwerks gilt ein in Grohmanns Ideenmagazin 1796 vorgestelltes englisches Fischerhaus am Fluss Avon. Das nordwestlich der Hofgärtnerei befindliche **Forsthaus** [**35**], ein quadratischer Back-

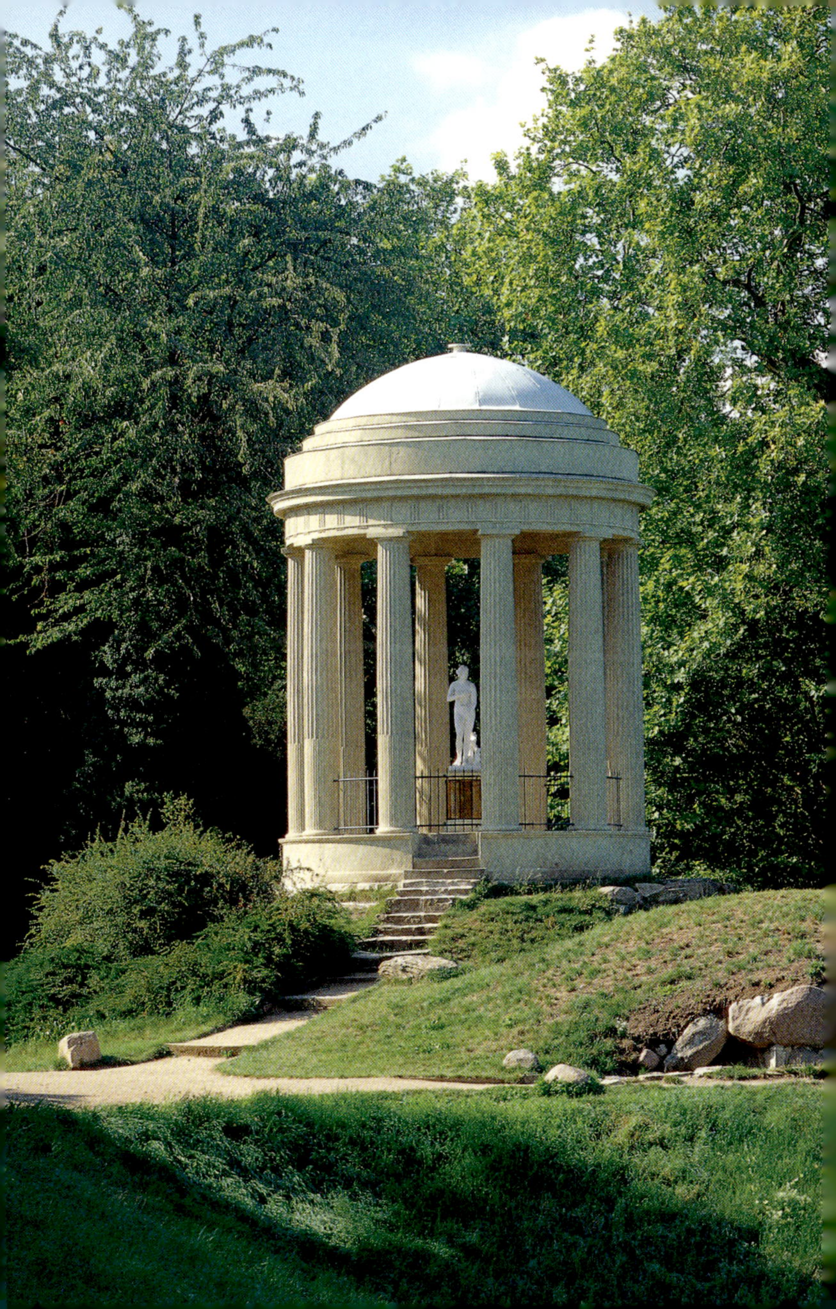

steinbau mit vorgelegtem Turm, wurde in Anlehnung an den neugotischen Stil der Hofgärtnerei erst 1908 erbaut.

In der in nördlicher Wallnähe gelegenen **Romantischen Partie** sind mit allegorischen Ausdrucksmitteln romantisierende Gartenszenerien gestaltet. Man erreicht den Bereich über die **Kettenbrücke** [**36**], ein 1781 zwischen zwei künstliche Felsenbauwerke gespanntes, schwankendes Hängewerk, das nach der Anregung von William Chambers (1726–1796) die Besucher in Verwirrung und Schrecken versetzen soll und zu den ersten Attraktionen des Gartens gehört. Von einer Terrasse neben der Brücke gelangt man durch Gänge in den Wohn- und Schlafraum sowie zum Betplatz des Eremiten, dem die Zelle des Mystagogen folgt. Das hier entwickelte empfindsame Gartenprogramm beinhaltet auch freimaurerische Elemente.

Über die 1794 bis 1798 entstandene **Luisenklippe** [**37**] (nach der Prinzessin Louise Charlotte von Sachsen-Gotha benannt), eine ruinenartige Felspartie mit einem neugotischen Erker, und das Elysische Tal führt der Weg bis zu den Grotten unter dem **Venustempel** [**38**]. Die 1794 von Erdmannsdorff errichtete dorische Sandsteinrotunde mit einer Kopie der antiken Venus Medici erhebt sich als Blickpunkt zahlreicher Sichtbeziehungen der Landschaft und des Gartens. Die edle Architektur ist durch den Venustempel in der Hadriansvilla in Tivoli sowie dessen Nachbauten in Stowe und Kew (England) angeregt worden. Im Untergeschoss befinden sich die den Elementen Erde, Feuer, Luft und Wasser (bzw. deren Göttern) gewidmeten Grotten Vulkans, Aeols und Neptuns. Die Grotten sind das Ziel des in der Zelle des Mystagogen beginnenden allegorischen Erkenntnisweges. Den nordischen Dichtern ist das **Skaldengrab** [**39**] gewidmet, ein weiter westlich am Wall gelegener, mit Findlingssteinen umgebener Erdhügel. Ebenfalls auf dem Elbdeich gelangt man in östlicher Richtung zum **Monument** [**40**], einem zwischen 1801 und 1805 errichteten unregelmäßigen Felsenbauwerk mit achteckigem Grundriss. Auf dessen ursprünglicher Aussichtsplattform zieht eine aus Rom stammende antike Granitsäule den Blick aus weiter Entfernung auf sich. Fürst Franz weihte das in der Hauptachse des Schlosses befindliche und mit Reliefbrustbildern regierender anhaltischer Fürsten ausgestattete Bauwerk seinen Vorfahren.

Die »Krokuswiese« mit dem Monument [**40**] ▶

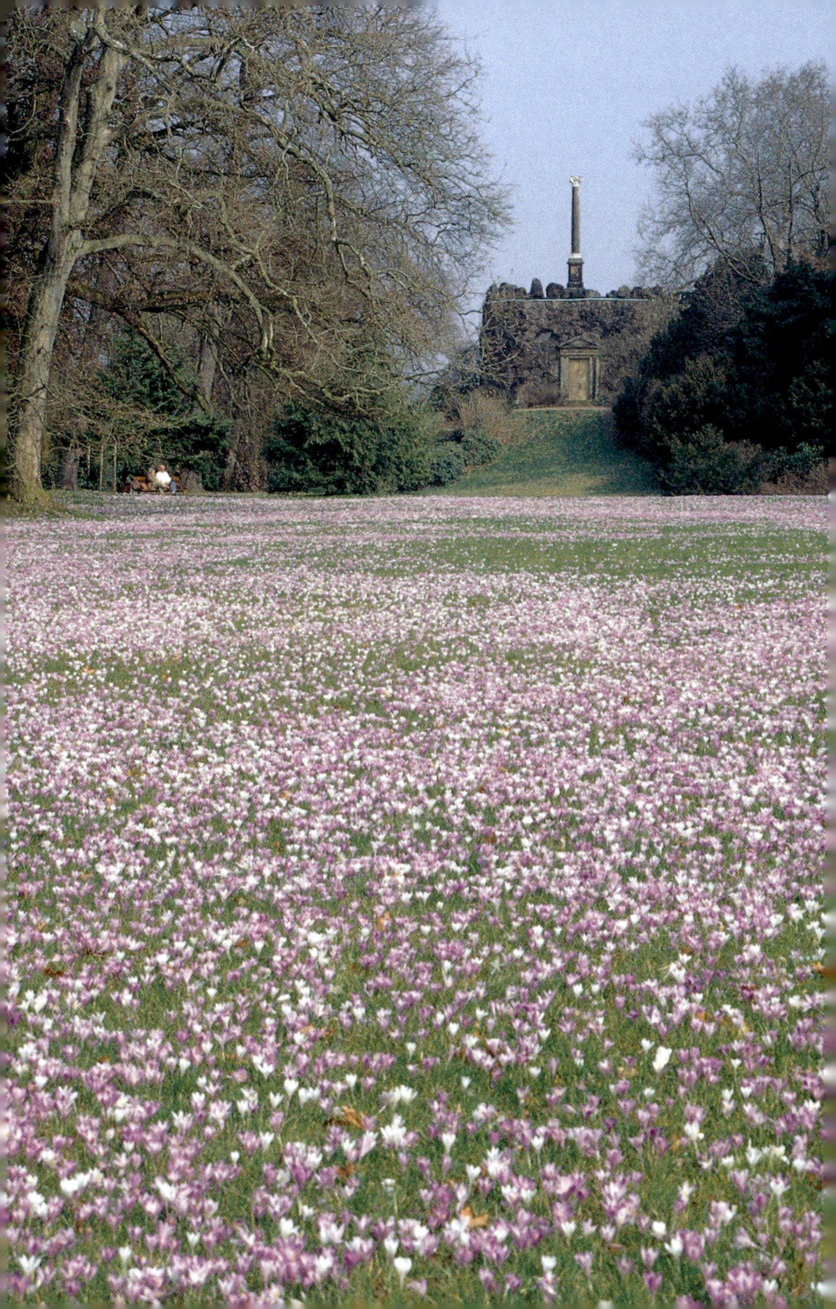

Der Weidenheger

Der Garten auf dem Weidenheger wurde im Rahmen der Wiederherstellungsmaßnahmen nach der Hochwasserkatastrophe 1770 und 1771 zwischen dem Wörlitzer See, dem Agneskanal und dem Elbdeich geschaffen und bildete bis zur Fertigstellung der Neuen Anlagen den östlichen Rand der Wörlitzer Gestaltungen. Die durch das Wasser angeschwemmten zusätzlichen Flächen waren unter Beibehaltung des nicht zerstörten Bestandes (Goldene Urne, Wachhaus zum Pferde) mittels Weiden- und Pappelpflanzungen geschützt (gehegt) und befestigt worden.

Auf dem Elbdeich oberhalb der **Goldenen Urne** [**41**] ist ein Ruhesitz aus Findlingssteinen als Aussichtspunkt gestaltet, von dem aus ein Rundblick in alle Richtungen jeweils zwischen zwei Linden ein neues Gartenbild eröffnet. Über dem vergoldeten, 1769 durch Erdmannsdorff gestalteten Sandsteingrabmal für die verstorbene erste Tochter des Fürstenpaares auf einem von Pyramidenpappeln und Rot-Zedern gesäumten Rasenhügel am Rande des Agneskanals, erblickt man die Synagoge und das christliche Gotteshaus nebeneinander stehend (Abbildung Titelseite). Dieses Bild symbolisiert die tolerante Geisteshaltung des Fürsten.

Das **Wachhaus zum Pferde** [**42**], ein von Erdmannsdorff entworfener Bau mit einer ionischen Tempelfassade aus Sandstein, verziert mit einem Flachrelief nach einem antiken Grabmal in Tivoli, entstand 1769, gleichzeitig mit der Goldenen Urne. Östlich hiervon befindet sich als Zielpunkt von Gartenachsen, beispielsweise von der Muschelnymphe im Schlossgarten aus, der **Dornenauszieher** (Spinarius) [**43**], eine 1782 von Johann Christian Pfeiffer geschaffene, überlebensgroße Sandsteinkopie einer antiken Skulptur. Weiter südlich überquert man den Sonnenkanal über eine **Schwimmbrücke** (Pontonbrücke) [**44**], um zum »Kleinen Heger« und zum **Venusbad** zu kommen. Die kleine Holzbrücke und die Rosenlaube an dieser historischen Badestelle sind Ergänzungen des 19. Jahrhunderts. Als Badehaus diente eine 1785 errichtete **Wurzelhütte** (Borkenhaus) [**45**], die mit Borke, Koniferenzapfen und Stroh ausgekleidet und mit Steinsitzen ausgestattet war. Der Weg führt durch dieses Haus weiter zur überlebensgroßen Sand-

Dornenauszieher [43] ▶

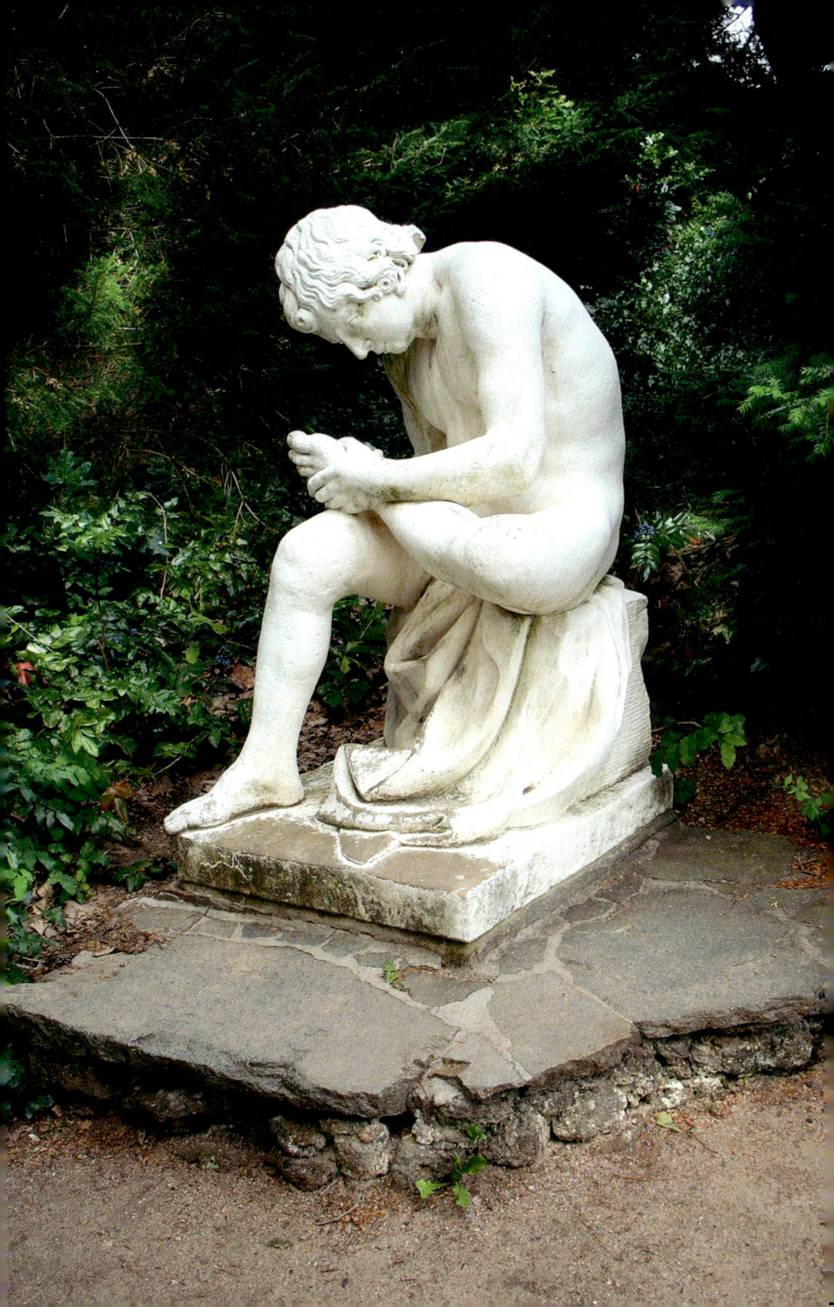

steinskulptur der **Knienden Venus** [46], die um 1782 von Pfeiffer nach einem antiken Vorbild in der Villa Medici (Rom) an der nördlichen Anlegestelle der Amtsfähre gefertigt worden ist.

Neue Anlagen

Die Neuen Anlagen mit den Gestaltungsschwerpunkten am Großen Wallloch und an der Insel »Stein« entstanden vorwiegend durch den Gärtnersohn Johann George Schoch d. J. (1758–1826) als letzte große Gartenerweiterung in den 90er-Jahren des 18. Jahrhunderts. Die großzügig weiträumige Landschaft dieses Gartenteils zwischen dem Wörlitzer See im Süden und dem Elbdeich im Norden wird im Osten von der Wassermühlenfahrt und im Westen vom Weidenheger begrenzt. Wenige Gartenbauwerke im »Stil der Reiseeindrücke« und Galeriepflanzungen dominieren die großen Nutz- oder Gewässerflächen.

Die künstliche **Felseninsel »Stein«** [47] wurde zwischen 1788 und 1794 im Südosten der Wörlitzer Anlagen geschaffen. Verschiedene italienische Reiseeindrücke wie der Golf von Neapel, Details einer Gladiatorenschule in Taormina, ein Kolumbarium, römische Bäder, Grotten, ein Amphitheater oder die Villa Hamilton sind auf diesem merkwürdigen, mit mächtigen Findlingen umkleideten, mehrgeschossigen Bauwerk in Miniaturform entstanden. Eine Nachempfindung des Vulkans Vesuv ist die Bekrönung des Ganzen und wurde in der Entstehungszeit bei besonderen Anlässen illuminiert. Der benachbarte, um 1790 nach einem römischem Vorbild errichtete Ruinenbau der **Grotte der Egeria** [48] mit der überlebensgroßen Sandsteinfigur der Quellnymphe Egeria umgibt die vermeintliche Quelle der Wörlitzer Gewässer.

Durch die »italienische Landschaft« nördlich des Steins gelangt man am Georgenkanal zur **Eisernen Brücke** [49], einem 1791 in der Nähe einer Furt im Verhältnis 1:4 errichteten verkleinerten Nachbau der derzeit modernsten Gusseisenbrücke von Wilkinson in Coalbrookdale (Shropshire). Sie steht am Zugang des Georgentals, einer modellierten und mit Steinsitzen bereicherten Gartenlandschaft, die Fürst Franz nach seinem Bruder Johann Georg benannt hat. Die 1796

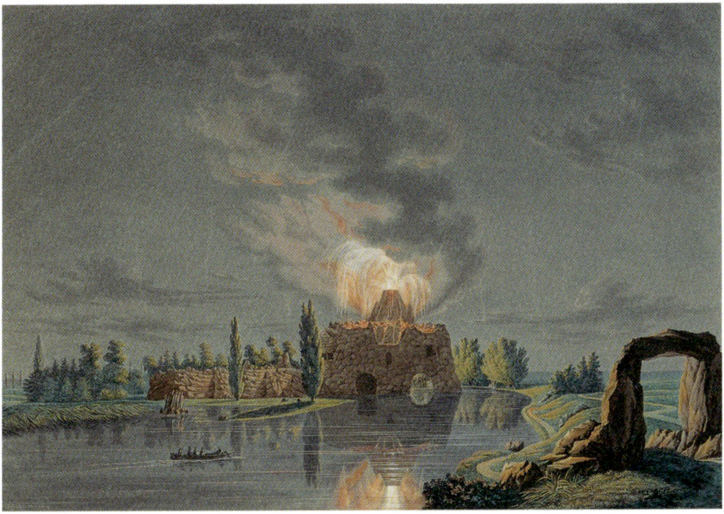

▲ *Felseninsel »Stein«, Aquatinta von Karl Kurtz*

errichtete, ursprünglich vergoldete **Sonnenbrücke** [**50**] mit ihrer strahlenförmig an den Brückenbogen angesetzten Eisenverzierung soll zusammen mit ihrer Spiegelung im Wasser als Strahlenkranz der Sonne wirken und auf die Kultur der Inkas verweisen. Sie führt in die künstlerisch gestaltete Landschaft am **Großen Wallloch** (»Bürgerkolk«), ein Gewässer mit zwei Inseln, das in den 90er-Jahren des 18. Jahrhunderts angelegt wurde. Hier erhebt sich auf dem Elbdeich das 1795 bis 1797 durch Erdmannsdorff erbaute **Pantheon** [**51**], in dem die 1796 erworbene Antikensammlung aufgestellt ist. Der dreigeschossige Rundbau mit einem viersäuligen Vorbau, Dreieckgiebelbekrönung und einer Aussichtsplattform ist nach einer Inschrift am Eingang »Den Freunden der Natur und Kunst« gewidmet. Das mit Kopien ägyptischer Kunst ausgestattete Untergeschoss ist von dem verbreiterten Deich eingeschlossen.

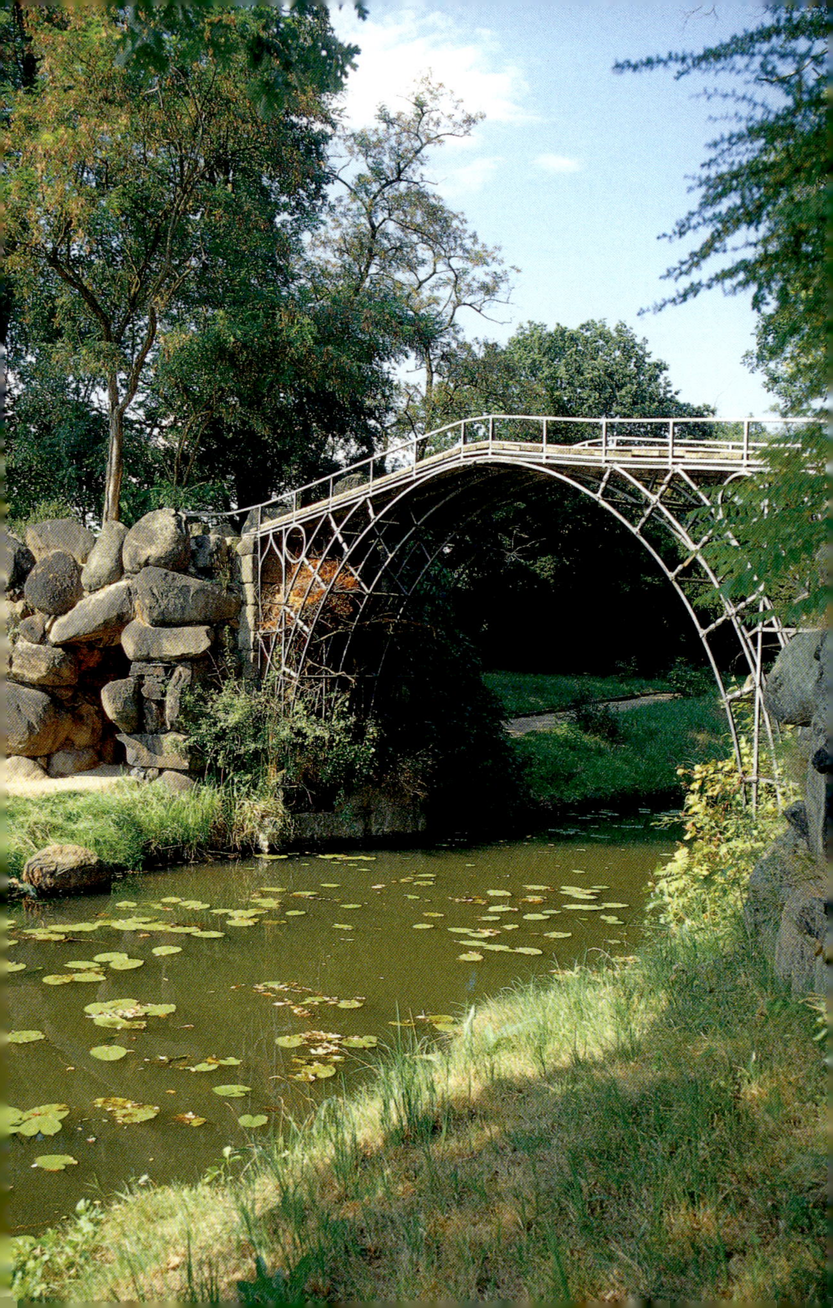

Auf der **Amalieninsel**, einer ursprünglichen Landzunge im Großen Wallloch, wurde durch Hesekiel 1793 die **Amaliengrotte** [**52**] erbaut. Die Insel galt als beliebtes Ziel von Gondelfahrten und Festlichkeiten im Garten und ist nach der Erbprinzessin Christiane Amalie (1774 bis 1846) benannt. Die bekrönende Weinlaube ist mit Sandsteinhermen der altgriechischen Lyriker Sappho und Anakreon geschmückt, deren Blick auf die benachbarte **Insel der Totenerinnerung** gerichtet ist. An diesem »Ausflugsziel der Wasserfahrt« finden sich steinerne Ruhesitze und ein 1797 aufgestelltes Sandsteinmonument (Cippus), das Inschriften mit Johann Gottfried Herders Worten trägt: »Sterbliche sind wir, und sterblich all unsere Wünsche; Leid und Freude, sie gehen, oder wir gehen vorbei«. Das in Blickbeziehung zum Protheusstein am Ostufer des Großen Wallochs stehende **Rote Wallwachhaus** [**53**] ist 1772 nach einem Entwurf Erdmannsdorffs entstanden und wurde zuweilen vom Fürsten bewohnt. Von hier führt eine kleine **Brücke aus einem geteilten Eichenstamm** [**54**] über den historischen Zufluss des Wörlitzer Sees zum **Piemonteser Bauernhaus** [**55**], das 1792/93 von Hesekiel erbaut worden ist. Der Legende nach soll diese auf Felsen stehende, verputzte Backsteinarchitektur eine Stiftung und Anregung durch den Großherzog Carl August von Sachsen-Weimar-Eisenach (1757 – 1828) sein, der mit Goethe regelmäßig Wörlitz besuchte.

Der Blick über den nicht vorhandenen Zaun

Die Wörlitzer Anlagen werden heute von der Kulturstiftung Dessau-Wörlitz verwaltet und gepflegt. Die Fläche von 112 Hektar resultierte aus der Flächenaufteilung in verschiedene Stiftungen nach der Fürstenabfindung in den 1920er-Jahren. Ursprünglich war das Gesamtkunstwerk wesentlich weiter ausgedehnt und begann, sobald man Wörlitz aus der Ferne erblicken konnte. Münsterberg, Drehberg, Berting und Riesigk können als die eigentlichen Eingangstore der Wörlitzer Anlagen gelten. Die Stadt selbst steht in Verbindung mit den Gartenanlagen. Verschiedene markante, symbolträchtige Architekturen bilden Sichtbeziehungen mit dem Park und stellen ebenso ideelle und historische Verbindungen zum Gesamtprogramm her (Informationen zur weiteren Umgebung siehe DKV-Führer Dessau-Wörlitzer Gartenreich, Nr. 550).

◀ *Eiserne Brücke* [**49**]

Erdmannsdorff gestaltete die Wörlitzer Eingangssituation zur Stadt und zum Park als ins Leben übertragene Allegorien: Die **Alte Schule in Griesen** von 1788 stellt die Bemühungen um die Bildung der Landeskinder heraus; die **Domäne** [**56**],1783 bis 1787 nach dem Vorbild Palladios Villa Emo erbaut, dokumentiert mustergültige, moderne Agrarmethoden. 1790 entstand der **jüdische Friedhof** mit Zeremonienhaus am südlichen Ortseingang; im Süden der Stadt liegt der **christliche Friedhof** [**57**] mit dem 1795 erbauten Aufseherhaus. Am südlichen Ende des Marktplatzes, in der Entstehungszeit in freier Anlehnung an antike Arenen gestaltet, steht das pavillonartige, 1792 bis 1795 im palladianischen Stil erbaute **Rathaus** [**58**]. Das Ensemble korrespondiert in freier Sichtbeziehung mit dem Gartenzugang und dem Schloss; Bürgerschaft und fürstliche Residenz stehen hier in einem symbolischen Dialog, was einmal mehr eine freiheitlich aufklärerische Gesinnung bezeugt, die mit Wörlitz in einzigartiger Weise ins Leben übertragen wurde.

Zitierte und weiterführende Literatur

Alex, R.: Wörlitz, Leipzig 1991. – Boettiger, C. A.: Reise nach Wörlitz 1797. Aus der Handschrift ediert und erläutert von E. Hirsch, Wörlitz 1999 (8). – Grohmann, J. G.: Ideenmagazin für Liebhaber von Gärten, Heft 1, Leipzig 1796. – Harksen, M.-L.: Stadt, Schloß und Park Wörlitz. Die Kunstdenkmale des Landes Anhalt, Band 2.2, Burg 1939, Reprint Halle 1998. – Hirsch, E.: Dessau-Wörlitz. Aufklärung und Frühklassik, Leipzig/München 1985. – Matthisson, F. von.: Erinnerungen, 2. Buch, Zürich 1825. – Rode, A., Ross, H. und Trauzettel, L.: Der Englische Garten zu Wörlitz, Berlin 1994 (2). – Rode, A.: Beschreibung des Fürstlichen Anhalt-Dessauischen Landhauses und Englischen Gartens zu Wörlitz, Dessau 1798 (2). – Trauzettel, L.: Das Gartenreich von Dessau-Wörlitz, in: Gärten der Goethezeit, hrsg. von Günther, H., Leipzig 1993, S. 45 – 75. – Trauzettel, L.: Wörlitz, Führer durch die Englischen Anlagen, München (2) 1991. – Trauzettel, L.: Wanderer, achte Natur und Kunst und schone ihrer Werke. Ideengehalt und Wiederherstellung der Wörlitzer Anlagen. In: Garten – Kunst – Denkmalpflege, Festschrift D. Hennebo, Worms 1994. – Trauzettel, L.: Gartenkünstler und Gartenkunst in Wörlitz. In: Weltbild Wörlitz: Entwurf einer Kulturlandschaft, Wörlitz 1996. – Trauzettel, L.: Beiträge über Oranienbaum, Wörlitz, Großkühnau und das Gartenreich. In: Unendlich schön – Das Dessau Wörlitzer Gartenreich, Berlin 2005.

Amaliengrotte [**52**] *am Großen Wallloch* ▶

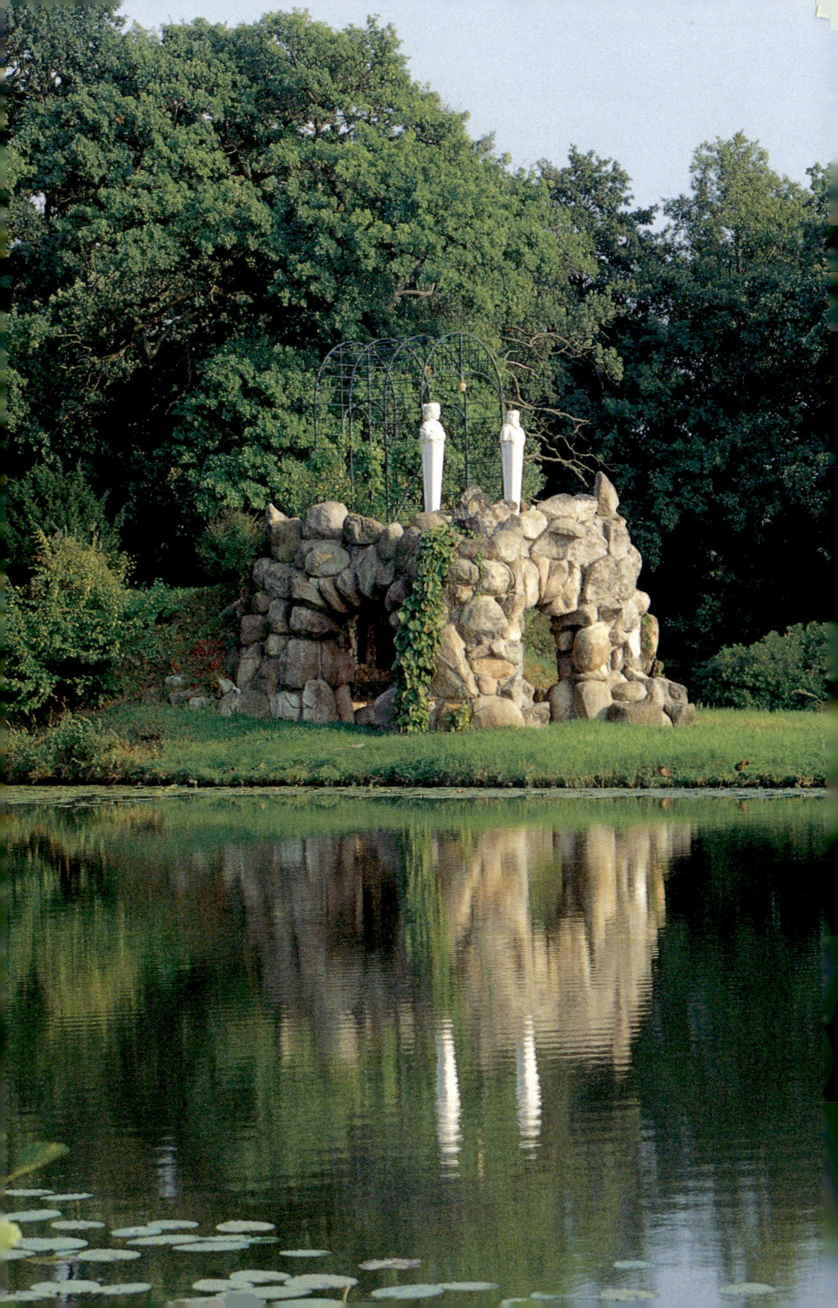

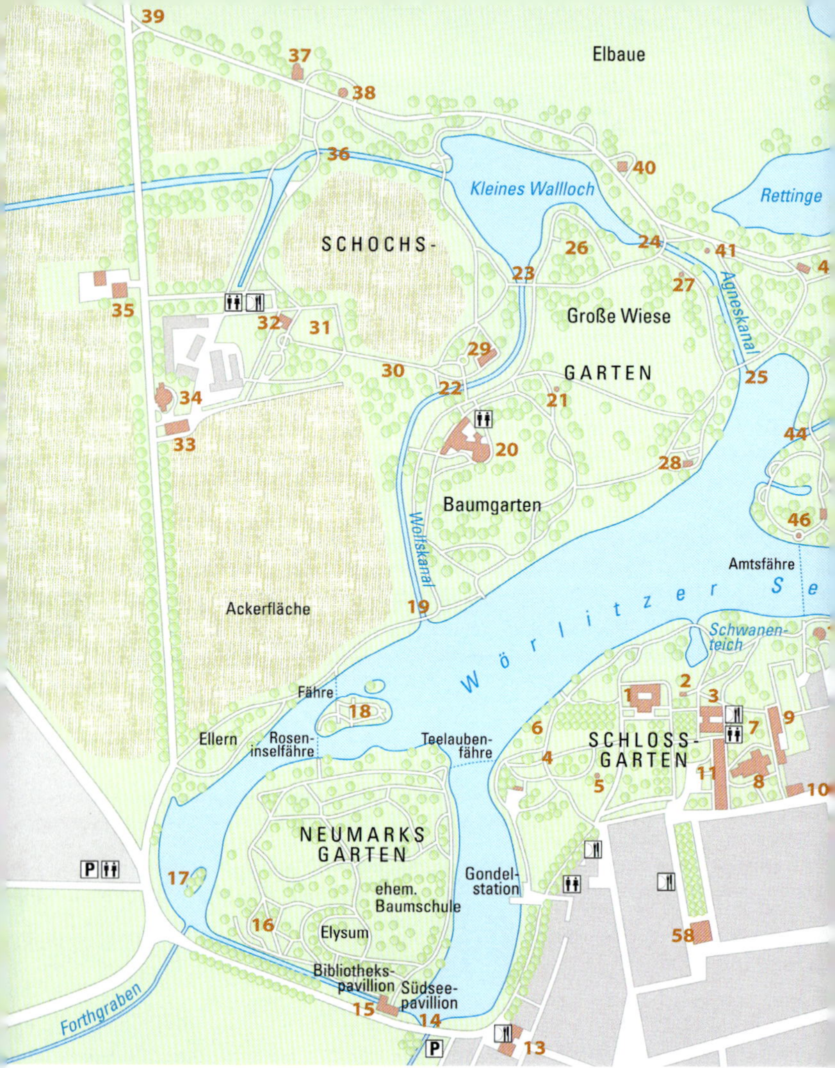

1 Schloss
2 Englischer Sitz
3 Küchengebäude
4 Garten der Fürstin
5 Dietrichsurne
6 Skulptur der Muschelnymphe
7 Sarkophag
8 Kirche St. Petri
9 Haus der Fürstin (Graues Haus)
10 Probstei
11 Marstall
12 Synagoge
13 Gasthof »Eichenkranz«
14 Friederikenbrücke
15 Eisenhart
16 Labyrinth
17 Rousseauinsel
18 Roseninsel
19 Wolfsbrücke
20 Gotisches Haus
21 Schochs Gruft
22 Hornzackenbrücke
23 Weiße Brücke
24 Agnesbrücke
25 Neue Brücke
26 Dianenhain
27 Warnungsaltar
28 Nymphaeum
29 Kuhstall
30 Weißes Tor

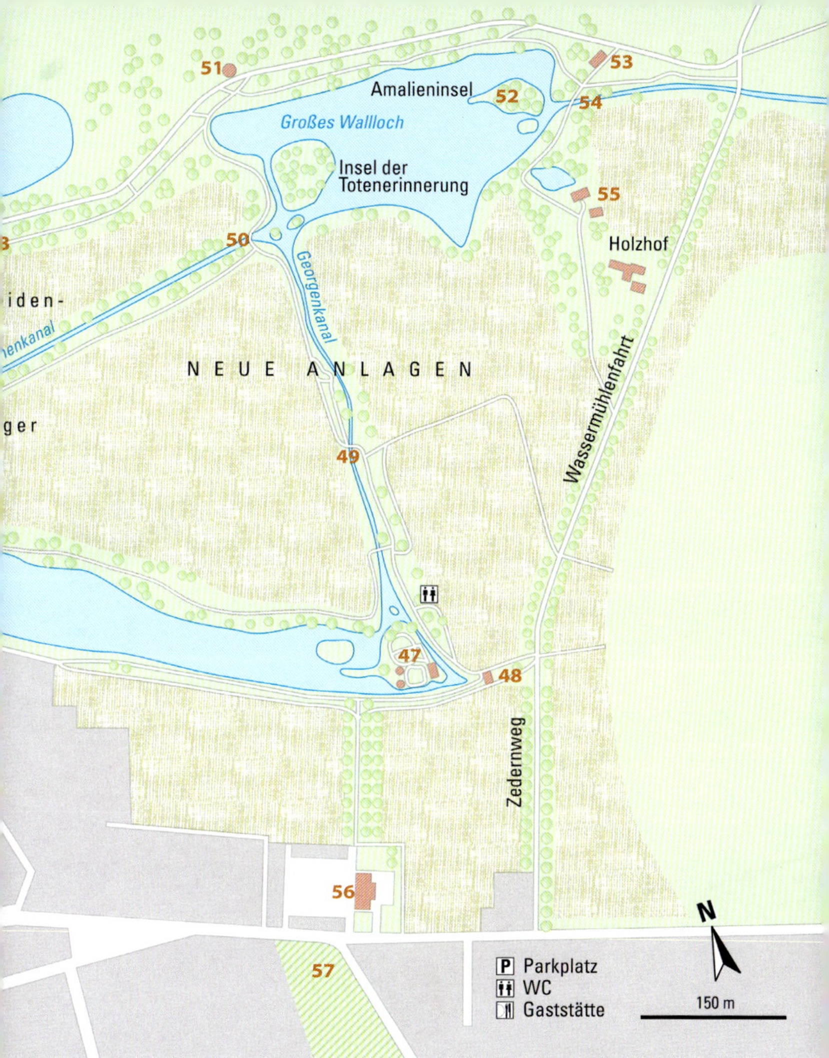

31 Floragarten
32 Floratempel
33 Palmenhaus
34 Garteninspektorhaus
35 Forsthaus
36 Kettenbrücke
37 Luisenklippe
38 Venustempel
39 Skaldengrab
40 Monument
41 Goldene Urne
42 Wachhaus zum Pferde
43 Dornenauszieher
44 Schwimmbrücke
45 Wurzelhütte
46 Kniende Venus
47 Felseninsel »Stein«
48 Grotte der Egeria
49 Eiserne Brücke
50 Sonnenbrücke
51 Pantheon
52 Amaliengrotte
53 Rotes Wallwachhaus
54 Brücke aus einem geteilten Eichenstamm
55 Piemonteser Bauernhaus
56 Domäne
57 Friedhof
58 Rathaus

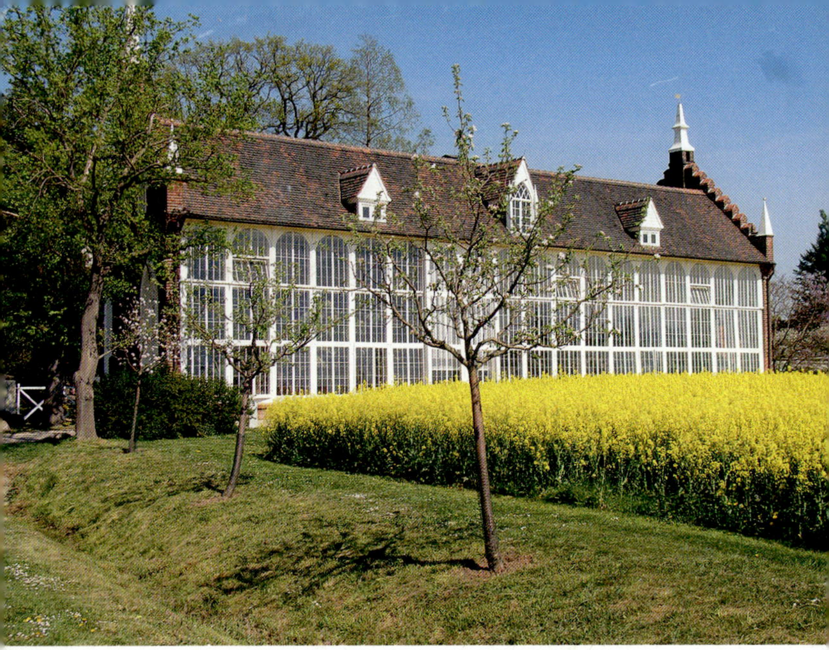

▲ *Obst- und Ackerkultur am Palmenhaus* [**33**]

Wörlitz
Bundesland Sachsen-Anhalt
Herausgeber: Kulturstiftung DessauWörlitz
Schloss Großkühnau, 06846 Dessau-Roßlau
Tel. 0340/646 15 50 · Fax 0340/646 15 10
www.gartenreich.com · info@gartenreich.com

KULTUR STIFTUNG DESSAU WÖRLITZ

Aufnahmen: Volkmar Billeb, Berlin. – Seite 8, 13, 23,
Rückseite: Ludwig Trauzettel, Wörlitz
Druck: F&W Mediencenter, Kienberg

DKV-KUNSTFÜHRER NR. 560
7., aktualisierte Aufl. 2017 · ISBN 978-3-422-02279-9

Paul-Lincke-Ufer 34 · 10999 Berlin
www.deutscherkunstverlag.de